📖 この本のとく色と使い方

本書は，アルファベットの筆記体の習得を一から始められる練習帳です。大文字・小文字はもちろん，英文やカード，手紙の練習が繰り返しできるように工夫されています。

英語で使うアルファベットは26文字あり，それぞれの文字に大文字と小文字があります。本書では，文字をなぞって書ける部分は少しうすい文字にしています。濃い黒い文字を見本に，上からなぞって練習してから，実際に書いてみましょう。

◎筆記体の練習を始める前に
●筆記体を速く美しく書くには，なめらかなペン運びを身につけることが大切です。まず，筆記体のペン運びの基本となる次のような線をなぞって，ペンやえんぴつをなめらかでリズミカルに運ぶ練習をしましょう。

このかたむきに合わせて続けて書きましょう。

★ペン運びを身につけるための練習から始めましょう。

ブロック体との違いなどにも注意しながら練習しよう。

JN022884

[　月　　日]

GORILLA　ブロック体と形が違うのでしっかり覚えましょう。

★書き出しを確かめてから，見本を見て練習しよう。

HAND

INTERNET　最後の部分はとがらせます。

もくじ

● 線を書く練習をしよう ……………… 2
● 大文字の練習をしよう ……………… 4
● 大文字の復習をしよう ……………… 7
　・ 形の似ている大文字 …………… 8
● 小文字の練習をしよう ……………… 9
● 小文字の復習をしよう ……………… 12
　・ 形の似ている小文字 …………… 13
● 文字を続けて書く練習をしよう …… 14

● 大文字・小文字のまとめ …………… 16
　・ 形の似ている大文字・小文字 …… 18
　・ 高さの同じ大文字・小文字 ……… 19
● ローマ字で書いてみよう …………… 20
● 単語を書いてみよう ………………… 22
　・ 大文字で始める単語 …………… 25
● 文を書いてみよう …………………… 26
● カードや手紙を書いてみよう ……… 31

💻 本書に関する最新情報は，小社ホームページにある本書の「サポート情報」をご覧ください。（開設していない場合もございます。）
なお，この本の内容についての責任は小社にあり，内容に関するご質問は直接小社におよせください。

◎ 筆記体の特ちょう

- 筆記体はブロック体をくずした書体で，曲線が多く使われます。ほとんどの文字を一筆で書くことができ，それぞれの文字を続けて書くことができるので，サインや手紙などを速く美しく書くのに適しています。

- ブロック体…1字ずつ区切って書く。

Let's write the English alphabet.

- 筆記体…1つの単語は続けて書く。

Let's write the English alphabet.

◎ 筆記体を書くときの注意

- ブロック体で書くとき，ノートは机のふちに対して平行におきますが，筆記体を書くときは，右の図のように机のふちから20〜30度ぐらいかたむけておくと，書きやすくなります。

◎ 筆記体の練習を始める前に

- 筆記体を速く美しく書くには，なめらかなペン運びを身につけることが大切です。まず，筆記体のペン運びの基本となる次のような線をなぞって，ペンやえんぴつをなめらかでリズミカルに運ぶ練習をしましょう。

このかたむきに合わせて続けて書きましょう。

◉いろいろなサイン

- サインには筆記体がよく使われますが，人によっては，形をいろいろに変化させて使う場合もあります。

大文字の書き方

第1線
第2線
第3線
第4線

大文字の大部分は，第1線と第3線の間に書きます。

第4線までを使うのはこの3文字。

とがらせるところ，丸くするところをしっかり区別。

次のことに注意して，大文字の練習をしましょう。

- 書き始めの位置（・）を確かめましょう。
- ななめの線に沿うように，一定の角度にかたむけて書きましょう。
- 文字の流れに注意して，矢印にしたがってなめらかに書きましょう。

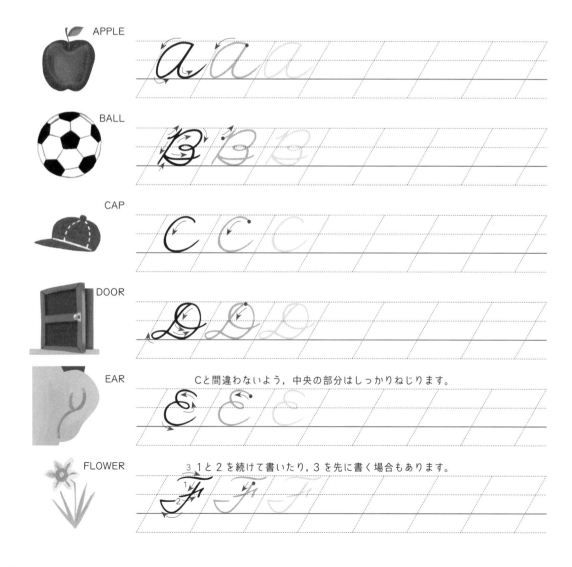

APPLE

BALL

CAP

DOOR

EAR
Cと間違わないよう，中央の部分はしっかりねじります。

FLOWER
1と2を続けて書いたり，3を先に書く場合もあります。

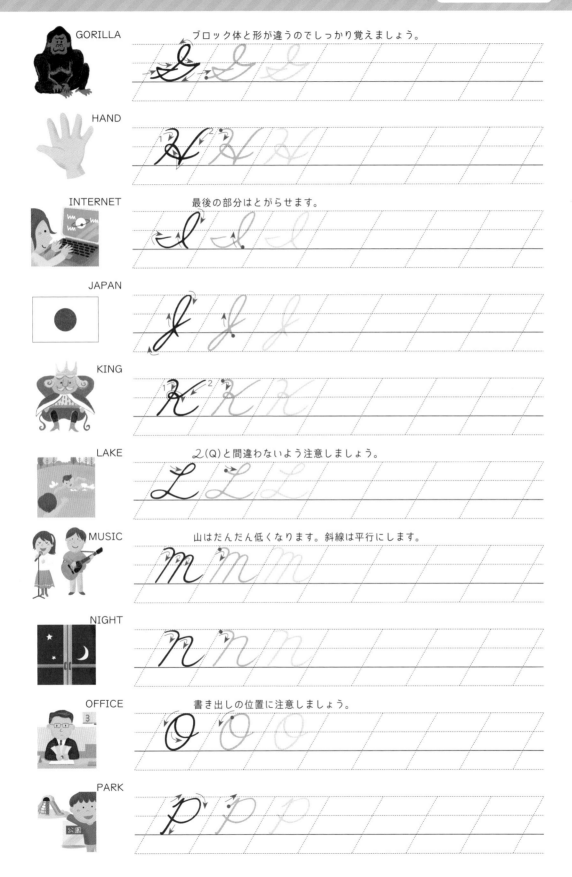

GORILLA　ブロック体と形が違うのでしっかり覚えましょう。

HAND

INTERNET　最後の部分はとがらせます。

JAPAN

KING

LAKE　2(Q)と間違わないよう注意しましょう。

MUSIC　山はだんだん低くなります。斜線は平行にします。

NIGHT

OFFICE　書き出しの位置に注意しましょう。

PARK

[　　月　　日　]

QUESTION

RIVER

SUN

ねじったところは基線上で交わります。

TENNIS

2を先に書く場合もあります。

UFO

VIDEO GAME

WATER

とがらせる部分と丸くする部分に注意しましょう。

XMAS

1と2は基線上で交わります。

YACHT

ZOO

■ 大文字をアルファベット順に並べました。
あいている □ に文字を入れましょう。

■ 次のブロック体の文字を，筆記体で書きましょう。

E   F   I

J   M   O

P   R   S

U   Y   X

■ 違いに注意しながらまとめて覚えましょう。

[　月　　日]

小文字の書き方

● 小文字はとくに，高さに注意して書きましょう。

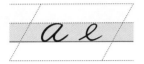

第2線と第3線の
間に書く文字

第1線と第3線の
間に書く文字

第2線と第4線の
間に書く文字

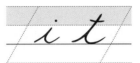

最上部を第1線と第
2線の間に書く文字

● 大文字のときの注意点に加えて，大文字との違いにも注意しましょう。

ant

大文字と形は同じですが，高さが違います。

bird

(f)と間違わないよう注意しましょう。

cup

dish

たて棒と第1線の間は少しあけます。

eleven

face

9

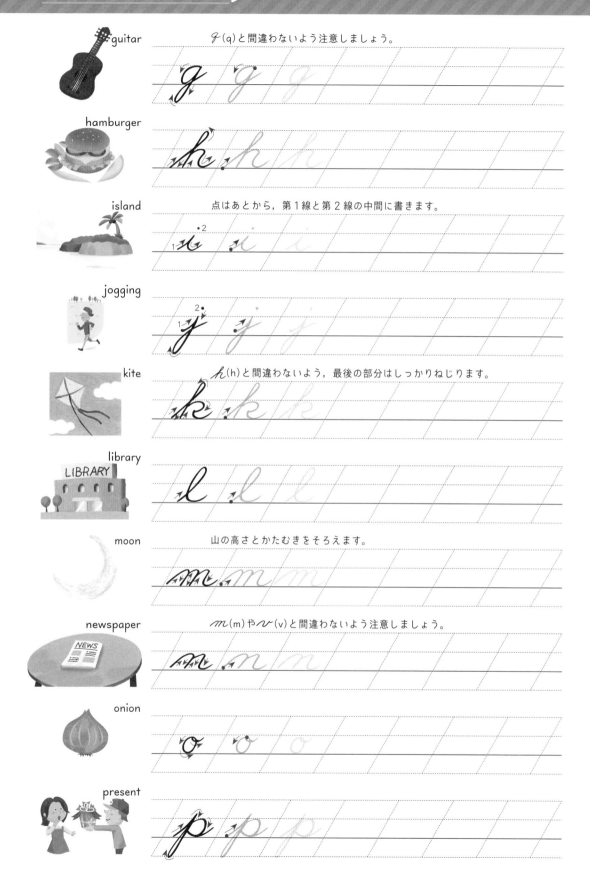

guitar
g(q)と間違わないよう注意しましょう。

hamburger

island
点はあとから，第1線と第2線の中間に書きます。

jogging

kite
h(h)と間違わないよう，最後の部分はしっかりねじります。

library

moon
山の高さとかたむきをそろえます。

newspaper
m(m)やv(v)と間違わないよう注意しましょう。

onion

present

queen

rice

ねじったところは基線の少し上に出ます。

singer

tree

横棒はあとで，第１線と第２線の中間に書きます。

umbrella

vegetable

watch

斜線のかたむきが一定になるよう，注意しましょう。

fox

yogurt

大文字のYと形は同じですが，高さが違います。

zebra

■ 小文字をアルファベット順に並べました。
あいている□に文字を入れましょう。

_a_ □ _c_ _d_ _e_ □ _g_

_h_ _i_ □ □ _l_ _m_ _n_

_o_ □ _q_ _r_ □ _t_ _u_

_v_ _w_ □ _y_ □

■ 次のブロック体の文字を，筆記体で書きましょう。

a _____　d _____　g _____

h _____　n _____　q _____

r _____　t _____　u _____

v _____　w _____　y _____

■ 違いに注意しながらまとめて覚えましょう。

a　d　o

a d o

b　f

b f

c　e

c e

e　l

e l

g　q

g q

h　k

h k

r　s

r s

u　v

u v

y　z

y z

文字を続けて書く練習をしよう

○ 次のことに注意して，練習をしましょう。

- 横棒や点，x の斜線などは，つづりを書き終えていちばん最後につけるというように，文字によっては単独で書く場合と書き順が違う場合があります。
- 大文字と小文字を続けて書く場合は，文字の高さに注意しましょう。

■ 大文字と小文字の続け方

Ar	Ea	Ha	Ki

La	Mu	Qu	Zo

※大文字の F，T，V，W のあとに小文字を続けて書くことはできません。

Fi	Te	Vi	Wa

※大文字の G，I，S は線をのばして小文字を続けます。

Gi	In	Su

Gi *In* *Su*

■ 小文字と小文字の続け方

an	ba	ei	gu	jo

an *ba* *ei* *gu* *jo*

li	mo	pr	tr	xy

li *mo* *pr* *tr* *xy*

■ 大文字と小文字を比べながら練習しましょう。

○ いろいろな符号

• 英語の文で使う符号のうち，？（クエスチョンマーク）と！（エクスクラメーションマーク）は，筆記体では文字と同様にかたむけて書きます。

16

■ 大文字と小文字が正しい組み合わせになるように，あいているところに文字を入れましょう。

a　*B*　*C*　*d*

E　*f*　*g*　*H*

i　*J*　*K*　*l*

M　*n*　*o*　*P*

Q　*R*　*s*　*t*

U　*v*　*w*　*X*

Y　*z*

■ 大文字は小文字に，小文字は大文字にしましょう。

D　*I*　*L*　*S*　*T*

b　*h*　*p*　*q*　*z*

◎同じアルファベットで大文字と小文字の形が似ているもの

・高さの違いに注意しながらまとめて覚えましょう。

A　a　　C　c　　M　m　　N　n

O　o　　P　p　　U　u　　V　v

W　w　　X　x　　Y　y　　Z　z

◎異なるアルファベットで大文字と小文字の形が似ているもの

I　l　　　J　f

Jack is fishing.

◎ 大文字

● ほとんどの大文字は第1線と第3線の間に書きますが，次の文字は第1線から第4線までのすべてを使って書きます。

◎ 小文字

■ 第2線と第3線の間に書く文字

■ 第1線と第3線の間に書く文字

dのたて棒と第1線の間は
少しあける。

■ 第1線と第2線の中間から第3線の間に書く文字

■ 第1線と第2線の中間から第4線の間に書く文字

■ 第1線から第4線までの間に書く文字

■ 第2線から第4線までの間に書く文字

19

ローマ字で書いてみよう

日本の地名，人名，ものの名前

- 英文の中で日本の地名，人名，ものの名前などを使う場合は，ローマ字（ヘボン式）で表します。

ヘボン式のローマ字の特ちょうには，次のようなものがあります。

- はねる音「ん」は p，b などの前では m，それ以外は n で表す。
  〈例〉tempura（てんぷら），kanji（漢字）
- つまる音はその次の文字を重ねて表す。ただし，ch の前では t で表す。
  〈例〉natto（納豆），kappa（かっぱ），matchi（マッチ）
- のばす音は a，i，u，e，o の上に（ˆ）をつけるが，省略されることが多い。
  〈例〉Osaka（大阪），Kyoto（京都）

eigo（英語）　　　　seito（生徒）　　　　gakko（学校）

eigo　　*seito*　　*gakko*

tofu（とうふ）　　　henji（返事）　　　ashita（明日）

tofu　*henji*　*ashita*

chairo（茶色）　　　　　empitsu（えんぴつ）

chairo　　*empitsu*

■ 次の地名や人名をローマ字で表し，筆記体で書いてみましょう。

※地名や人名の最初の文字は大文字で始めることに注意しましょう。

東京

Tokyo

千葉

Chiba

北海道

Hokkaido

イマイ　ジュン

Imai Jun

オガタ　サキ

Ogata Saki

■ 自分の名前や家族，友達の名前を，筆記体で書いてみましょう。

よく使う単語を書いてみましょう。

- 単語を書くときは文字と文字の間があきすぎたり，つまりすぎたりしないよう注意しましょう。
- 文字の傾きを一定にし，文字がなめらかにつながるよう気をつけましょう。
- 大きさや高さなど1つ1つの文字のつりあいをとり，まぎらわしい書き方にならないよう注意しましょう。

cup cup cup

tree tree

island island

cake cake

key key

jam jam

fruit fruit

cake　jam　key　fruit

house *house*

ship *ship*

plane *plane*

car *car*

park *park*

library *library*

plane
library
ship
house
park
car

face　face

hand　hand

leg　leg

eye　eye

hair　hair

mouth　mouth

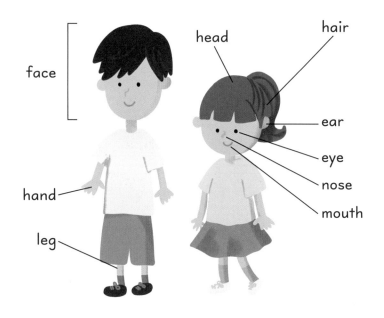

face

head

hair

ear

eye

nose

mouth

hand

leg

■ 人名や地名は必ず大文字で始めます。

キダ　アイ（Kida Ai）

Kida Ai

ジョン・スミス（John Smith）

John Smith

日本（Japan）

Japan

中国（China）

China

シドニー（Sydney）

Sydney

ニューヨーク（New York）

New York

■ 月や曜日も大文字で始めます。

8 月（August）

August

金曜日（Friday）

Friday

● 文を書くときのルール

①文は必ず大文字で書き始めます。

（地名や人の名前の最初の1字，**I**（私）は文の途中でも大文字を使います。）

②文の区切りにはカンマ（, ）を，文の終わりにはピリオド（. ）をつけます。

③単語と単語の間は小文字1字分（●）くらい，文と文の間は小文字2字分（●●）

くらいあけて書きます。

④いろいろな符号

（, ）カンマ　（. ）ピリオド

（? ）クエスチョンマーク〔疑問文の終わりにつけます。〕

（! ）エクスクラメーションマーク〔感嘆文の終わりにつけます。〕

（' ）アポストロフィー〔2語が1語に短縮されることなどを表します。〕

　　　例　**I** am　→　**I**'m

● もしもし。（Hello.）

Hello.

● もしもし，ショウです。（Hello, this is Sho.）

Hello, this is Sho.

● 今日はいそがしい？（Are you busy today？）

Are you busy today?

● いいえ，いそがしくないわ。（No, I'm not.）

No, I'm not.

I have two movie tickets.

What movie is it?

● 映画の券が 2 枚あるんだけど。（I have two movie tickets.）

I have two movie tickets.

● それは何の映画なの？（What movie is it?）

What movie is it?

It's a musical movie.

Oh, I love musicals.

● ミュージカル映画だよ。（It's a musical movie.）

It's a musical movie.

● まあ，私，ミュージカルは大好きよ。（Oh, I love musicals.）

Oh, I love musicals.

●いっしょに行かない？（Can you come with me?）

Can you come with me?

●いいわよ。ありがとう，ショウ。（Sure. Thank you, Sho.）

Sure. Thank you, Sho.

■ カードに使う表現を書いてみましょう。

●誕生日おめでとう！（Happy Birthday！）

Happy Birthday!

●メリークリスマス（Merry Christmas.）

Merry Christmas.

●新年おめでとう。（Happy New Year.）

Happy New Year.

●おめでとう！（Congratulations！）

Congratulations!

■ 好きな表現を使って，あなたからだれかにあてたカードを完成させましょう。

To

From

■ 手紙で使う表現を書いてみましょう。

● 〔呼びかけ〕親愛なるマイク（Dear Mike）

Dear Mike

● お手紙ありがとう。（Thank you for your letter.）

Thank you for your letter.

● お返事くださいね。（Write to me soon.）

Write to me soon.

● 〔結びの言葉〕敬具（Yours）

Yours

■ 友だちにあてたはがきになるよう，相手の名前や自分の名前を入れて，手紙文を完成させましょう。

Thank you for your birthday card. I like it very much.

Nakano Hana
899-19 Hanamachi
10 chome
Nakano-ku,
Osaka-shi
OSAKA　505-0231
JAPAN

September 10, 2023